AKB 2

Wët nom

Ajuiɛɛr de Kuën Baai de Mïth (*AKBM*): aaye athöör juëc ke Thoŋ de Jiëëŋ cië ke göör bï kë mïth ya kuɔny në kuën baai. Ke aathöör kë, aacië göör në Thoŋ de Jiëëŋ piɔlic ago mïth ke ya kueen ke cïn anuaan.

AKBM aathiekiic të nɔŋ yïïn ke yï ye man de meth ku ye wun de meth. Na kɔɔr bë mɛɛnhdu Thoŋdu ŋic, ke piɔɔ̈cië baai në yïn. Ye mɛɛnhdu jääm në Thoŋdu baai. Ye mɛɛnhdu wɛɛi ku piɔ̈ɔ̈c cië bë ya jam, kuën ku gëër në Thoŋ de Jiëëŋ baai. Acïn dët thiekic wär ye kënë tɔ̈u të dët. Raan ce jam në Thoŋ de man ke wun acië thöl ya määr.

Ye thaa koor lööm në në nyindhia ba mɛɛnhdu guiëër yic thieek de Thoŋ de Jiëëŋ. Yïn ke Dupiöny tueŋ de mɛɛnhdu. Na cï mɛɛnhdu piööc në Thoŋdu ku kake pïïr kedhia, ke ŋic acïn raan dët bë ye piɔ̈ɔ̈c. Yic thieek de Thoŋdu ku ceŋ de paandun aye mɛɛnhdu ke tïŋ ku piööc ke të nɔŋ yïïn. Na cï mɛɛnhdu piööc në ceŋdu ku Thoŋdu, ke ŋic aca mɔ̈ɔ̈r ke däk kë yï nom. Yic thieek de raan në piny nom, e gɔl në ceŋdu ku Thoŋdu.

Yïn ca leec arëtic

Manyaŋ e Deŋ

© Manyang Deng, 2020

ISBN: 978-0-6487937-5-5

All rights reserved. No part of this publication may be reproduced, stored in a retrieval system, or transmitted, in any form, or by any means, electronic, mechanical, photocopying, recording or otherwise, without the prior permission of the publishers.
This book is sold subject to the conditions that it shall not, by way of trade or otherwise, be lent, re-sold, hired out or otherwise circulated without the publisher's prior consent in any form of binding or cover other than in which it is published and without a similar condition including the condition being imposed on the subsequent purchaser.
Africa World Books Pty. Ltd.

Ajuiɛɛr de Kuën Baai de Mïth (*AKBM*) are series of Dinka (Jiëëŋ) language kids' books. They are collections of simple Dinka (Jiëëŋ) kids' books put together with the aim of promoting Dinka (Jiëëŋ) literacy at homes and beyond. *AKBM* are written in simple Dinka (Jiëëŋ) and use pictorials to aid easy learning.

The lack of Dinka (Jiëëŋ) learning materials at homes is one of the factors responsible for poor Dinka (Jiëëŋ) literacy skills among the majority of Dinka children in diaspora. *AKBM* are aim at bridging this gap. Parents who are interested in their kids learning the Dinka (Jiëëŋ) language may find *AKBM* series very helpful.

Anyone willing to contribute to the *AKBM* kids' books series is very much welcome to do so. *AKBM* kids' books could be on any subject that is kids appropriate and with potential of promoting Dinka literacy. The *AKBM* must be written in simple Dinka and must be written in short sentences. The *AKBM* will prepare kids for more sophisticated writing and reading in Dinka.

Some of the pictures used for *AKBM* series were taken from public domain, and therefore not copy righted. They are still available for public use from the venues they were sorted from.

By Manyang Deng

AKB 2

Aŋuɔ̈ɔ̈th aa daai.
Aŋuɔ̈ɔ̈th akääc.
Aŋuɔ̈ɔ̈th akääc ke pëc.
Aŋuɔ̈ɔ̈th aacië röth pälpiny.
Aŋuɔ̈ɔ̈th aa yäp.
Aŋuɔ̈ɔ̈th aa yäp roor.
Aŋuɔ̈ɔ̈th yäp aaye diäk.
Aŋuɔ̈ɔ̈th ayäp në tök.
Aŋuɔ̈ɔ̈th aɣoi të tök.
Aŋuɔ̈ɔ̈th aa yäp roŋ cië dëp.
Aŋuɔ̈ɔ̈th ayäp roŋ cië nyop.
Aŋuɔ̈ɔ̈th aa yäp në nyuɔɔpic.

Aŋuɔ̈ɔ̈th aa tïŋ piny në läi.
Aŋuɔ̈ɔ̈th aa cië cɔk.
Aŋuɔ̈ɔ̈th aa cï cɔk dɔm.
Aŋuɔ̈ɔ̈th aa nëk cɔk.
Aŋuɔ̈ɔ̈th aa kɔɔr läi.
Aŋuɔ̈ɔ̈th aa cië läi tïŋ.
Aŋuɔ̈ɔ̈th aa cop läi.
Aŋuɔ̈ɔ̈th aa cië lëi dɔm.
Aŋuɔ̈ɔ̈th aa cuet lëi.
Aŋuɔ̈ɔ̈th aa cië kuɛth.
Aŋuɔ̈ɔ̈th aa bë dek.
Aŋuɔ̈ɔ̈th aa bë nin.

Aŋui akat.
Aŋui ariŋ.
Aŋui athuny.
Aŋui athuny roor.
Aŋui athuny rokic.
Aŋui acië kat arët.
Aŋui akat ye tök.
Aŋui akat të ye wiëëu.
Aŋui anɔŋ lën cop.
Aŋui acop thiäŋ

Aŋui acop thiäŋ.
Aŋui mɛth thiäŋ.
Thiäŋ acï aŋui dööt.
Thiäŋ acï aŋui dëër.
Aŋui acië thiäŋ dɔm.
Aŋui acië kac.
Aŋui acië thiäŋ nɔ̈k.
Aŋui acuet thiäŋ.
Aŋui ace dac dhäär.
Aŋui ace dac dak.

Aŋui ku Gɔl

Aŋui acië yal.
Aŋui anëk reu.
Aŋui acï reu dɔm.
Aŋui acië pïu yök.
Aŋui acië pïu yök wïïr.
Aŋui acië pïu yök në pulic.
Aŋui acië pïu yök në nyɔ̈thic.
Aŋui acië pïu yök awuɔ̈lic.
Aŋui acië pïu yök aɣɔ̈mic.
Aŋui adek pïu.

Aŋui adëk wïïr.
Aŋui e pïu lap cië jö.
Aŋui alap pïu cië jö.
Aŋui adëk.
Aŋui acië dek.
Aŋui abë dek.
Aŋui adek pïu ke daai.
Aŋui acië yal arët.
Aŋui acië pïu juëc dek.
Aŋui abë thök në dëk.

Aŋui acuet rïŋ.
Aŋui acië rïŋ kac.
Aŋui acië rïŋ kac në ye lec.
Aŋui acië rïŋ thany piny.
Aŋui athany rïŋ në ye cök.
Aŋui acuet rïŋ dït.
Aŋui acië riöp në riɛm.
Aŋui anɔŋ thok riɛm.
Aŋui anɔŋ guɔ̈p riɛm.

Rïŋ atɔu në nyuɔ̈ɔ̈n nom.
Aŋui e läi juëc cam.
Aŋui e kɛɛu cam.
Aŋui e thiäŋ cam.
Aŋui e ŋɛɛr cam.
Aŋui e thök cam.
Aŋui e amël cam.
Aŋui e ɣɔ̈k cam.
Aŋui e maguar cam.

Aŋui acië ŋaam.
Aŋui aŋaam.
Aŋui aŋäär.
Aŋui adhiaau.
Aŋui adït thok.
Aŋui acië ye lec rueet.
Aŋui acië ye lec ŋeeny.
Aŋui acië tɔ̈c.
Aŋui acië tɔ̈c piiny.
Aŋui acië ye cök nyooth.

Aŋui alɔ̈ŋ.
Aŋui acië tɔ̈c në liɛɛtic.
Aŋui acië tëc piiny.
Aŋui acië tëc rokic.
Aŋui atɔ̈ ye tök.
Aŋui anɔŋ thok lec.
Aŋui anɔŋ thok lec nhial.
Aŋui anɔŋ thok lec piiny.
Aŋui anɔŋ thok kuiɛl ke ŋuan.
Aŋui athith nyäär.

Aŋui akiu.
Aŋui e kiu "Ŋuää ŋu! X2.
Aŋui akiu roor.
Aŋui akiu rokic.
Aŋui akiëëu.
Aŋui akiëëu ye tök.
Aŋui akiëëu arët.
Aŋui acïëëu.
Aŋui aciu wakɔ̈u.
Aŋui akiëëu në thëinom.
Aŋui akiëëu Panyïëduääŋ.

Aŋui akiu në tiim yiic.
Aŋui akiu roor.
Aŋui akiu roor de cuɔl akɔ̈l.
Aŋui acɔl aŋuɔ̈ɔ̈th kɔ̈k.
Aŋui akääc në kuur nom.
Aŋui akiu ke tɔ̈ në kuur nom.
Aŋui ace kiu abac.
Aŋui anyooth ye lec.
Aŋui adal.
Aŋui e dɔl cïë raan.
Aŋui acïë piŋic të mec.

Aŋui ku Gɔl

Aŋui acië tɔ̈c.
Aŋui akuk guɔ̈p.
Aŋui acië tɔ̈c piiny.
Aŋui acië tɔ̈c ke taar.
Aŋui adɛɛl ye kɔ̈u piny.
Aŋui amuk ye kuɔ̈l nhial.
Aŋui athiääŋ akɔ̈lic.
Aŋui anin.
Aŋui anin ke taar.
Aŋui anin roor.

Aŋui anin ye tök.
Aŋui të lääu.
Aŋui anin në nyuɔ̈ɔ̈n thok.
Aŋui ariɛɛny.
Aŋui apääc.
Aŋui acië pääc.
Aŋui abë pääc.
Aŋui alɔ yäp.
Aŋui acië lɔ yäp.
Aŋui abë lɔ yäp.

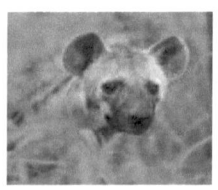

Aŋui acië thiaan.
Aŋui acië thiaan roor.
Aŋui acië thiaan në nyuɔ̈ɔ̈nic.
Aŋui acië thiaan në butic.
Aŋui acië thiaan në tulic.
Aŋui acol thok.
Aŋui acol wum.
Aŋui acol nyin.
Aŋui adaai.
Aŋui apïŋ.
Aŋui athiiu ye yïc.

Aŋui adït yïth
Aŋui akääc.
Aŋui akääc në nyuɔ̈ɔ̈nic.
Aŋun kän, atɔ̈ në nyuɔ̈ɔ̈nic.
Aŋun kän, atɔ̈ roor.
Aŋun kän, akoor.
Aŋun kän, e meth.
Aŋun kän, anëk cɔk.
Aŋun kän, acï dɔm.
Aŋun kän, awïc kë ciɛm.
Aŋun kän, akɔɔr ke ciɛm.

Aŋui e lëi.
Aŋui e län thööŋ rɔt.
Aŋui e län roor.
Aŋui e pïïr rokic.
Aŋui e ceŋ roor.
Aŋui e pïïr në dömic.
Aŋui e pïïr në rïŋ.

Aŋui e cuet në rïŋ thith.
Aŋui e läi baai cam.
Aŋui e thök cam.
Aŋui e yɔ̈k cam.
Aŋui e amël cam.
Aŋui e läi juëc roor cam.
Aŋui e cath në nyuɔ̈ɔ̈nic.

Aŋui e guɔ̈p malek.
Aŋui e ŋɔl.
Aŋui e cath ke kɔm.
Aŋui anɔŋ cök ke ŋuan.
Aŋui e cath në cök ke.
Aŋui e kat në cök ke.
Aŋui anɔŋ thar yɔ̈l.
Aŋui e rɔt kuath në yɔ̈lde.

Aŋui acek yɔ̈l.
Yɔ̈l aŋui acek.
Aŋui e cath në duut.
Aŋui e ceŋ në kuat.
Aŋui e cath në kuat.
Aŋui e yäp në kuat.
Aŋui e pïïr në kuat.
Aŋui e ceŋ në kuat.

Aŋui ku Gɔl

Aŋui anɔŋ nyïn ke reu.
Aŋui e daai në nyïnke.
Aŋui e piny tïŋ në nyïnke.
Aŋui anɔŋ yïth ke reu.
Aŋui e piŋ në yïthke.

Aŋui anɔŋ wum.
Aŋui e wëëi në wumde.
Aŋui anɔŋ thok liep.
Aŋui e pïu lap cië jö.
Aŋui e pïu lap cië gɔl.

Aŋui anɔŋ thok lec.
Aŋui anɔŋ thok lec juëc.
Aŋui anɔŋ thok lec moth.
Aŋui anɔŋ thok kuiɛl.
Aŋui anɔŋ cök riööp.
Aŋui acït riööp jö.
Aŋui akït riööp ke awan.
Aŋui akït riööp ke gɔl.

Aŋui adït yäc.
Aŋui adït piɔu.
Aŋui anhiaar cäm.
Aŋui e cam arët.
Aŋui e nin aköl.
Aŋui e yäp thëëi.
Aŋui e yäp wakɔu.
Aŋui e yäp miäkduur.

Gɔl aguɛt.
Gɔl acath ke guɛt.
Gɔl aguɛt cië jö.
Gɔl alɔ kör në pïu.
Gɔl alɔ kör në kë bë cam.
Gɔl alɔ yäp.
Gɔl alɔ yäp në kë bë cam.
Gɔl acath ye tök.
Gɔl acath roor.
Gɔl ayäp roor.

Gɔl acath të lääu.
Gɔl acath të cïn tiim.
Gɔl acië ye yɔ̈l guaat piny.
Gɔl amuk ye yɔ̈l piny.
Gɔl acië ye thok γɔ̈ŋ.
Gɔl amuk ye yïth nhial.
Gɔl acië ye röl γɔ̈ŋ.
Gɔl abäär cök.
E jöŋ ë, acië yal.
E jöŋ ë, acië cɔk.

Gɔl akääc.
Gɔl akääc në nyuɔ̈ɔ̈nic.
Gɔl akääc në nyuɔ̈ɔ̈nic.
Gɔl akääc roor.
Gɔl akääc rokic.
Gɔl adaai.
Gɔl aciɛɛth piny në ye nyin.
Gɔl anɔŋ kë γoi.
Gɔl anɔŋ kë dɛɛi yen.
Gɔl acië ye yïth jɔt.

Gɔl acït yïth jö.
Gɔl acië ye thok liep.
Gɔl akït thok ke jö.
Gɔl amuk ye yɔ̈l piny.
Gɔl akït yɔ̈l ke jö.
E gɔl kënë, akääc ye tök.
E gɔl kënë, adaai ye tök.
E gɔl kënë, anɔŋ kë cië tïŋ.
E gɔl kënë, acek yɔ̈l.
E gɔl kënë, acië nom riɛɛr.

Aŋui ku Gɔl

Gɔl akat.
Gɔl ariŋ
Gɔl athuny.
Gɔl acië yöt.
Gɔl akat roor.
Gɔl akat në nyuɔ̈ɔ̈nic.
Gɔl ayäp roor.
Gɔl atem kueer kɔ̈u.
Gɔl acië gëk teem kɔ̈u.
Gɔl acië dhöl teem kɔ̈u.

Gɔl aɣoi tueŋ.
Gɔl anɔŋ kë cop.
Gɔl acop amuuk.
Gɔl acop kɛɛu.
Gɔl acop ŋɛɛr.
Gɔl acop thɔ̈k.
Gɔl acop amääl.
E gɔl tï, anɔŋ wuur juëc.
E gɔl tï, e kat arët.
E gɔl tï, amor.

Gɔl acuet rïŋ.
Gal ke reu aa cuet rïŋ.
Gal aa cuet rïŋ.
Gal aa cuet rïŋ
Gal aa tëër rïŋ.
Gal aa tëër rïŋ në nyuɔ̈ɔ̈nic.
Gal aa cië rïŋ kac.
Gal aa cuet rïŋ koor.
Gal aa muk ke yɔ̈ɔ̈l nhial.
Gal aa mit rïŋ.

Gal aa kën kuɛth.
Gal aa nëk cɔk.
Gal aa nhiaar rïŋ.
E gal kï, aa nëk cɔk.
E gal kï, aa muk ke yɔ̈ɔ̈l nhial.
E gal kï, aa mit rïŋ.
E gal kï, aa cuet rïŋ roor.
E gal kï, aa ye reu.
E gal kï, aa dɛk rïŋ ke.
E gal kï, aa cï rïŋ ke bë kuɛth.

Gal aa tɔ̈ roor.
Gal aa tɔ̈ rokic.
Gal aa tɔ̈ në tim thar.
Gal aa tɔ̈ në tim liel.
Gal aa lɔ̈ŋ në tim thar.
Gal aa lɔ̈ŋ aköl.
Gal aa cië tɔ̈c në nyuɔ̈ɔ̈n nom.
Gal aa cië dhäär.
Gal aa cië dak.
Gal aa lɔ̈ŋ në tim thar.

Gal ke reu aa cië tɔ̈c.
Gal aa nhiaar röth.
Gal aa cië tɔ̈c roor.
Gal aa tɔ̈ në nyuɔ̈ɔ̈nic.
Gal aa tɔ̈ ɣɔ̈ŋ.
Gɔl tök akääc.
Gal ke reu aa cië tɔ̈c.
Gal aa ye cath keke juëc.
Gal aa bë lɔ yäp.
Gal aa bë lɔ yäp në läi.

Gal aa cië ke nïïm määt.
Gal aa kääc.
Gal aa kääc në gëkic.
Gal aa kääc dhölic.
Gal aa kääc kueric.
Gal aa daai.
Gal aa ye cath në duut.
Gal aa ye tëëŋ jɔt.
Gal aa ye akar jɔt.
Gal aa ye yäp në tök.

Gal aa ye yäp keke juëc.
Gal aa ye röth kony.
Gal aa ye lëi keer.
Gal aa ye lëi dhuur.
Gal aa ye läi dït cam.
Gal aa ye mat ago kë tiam.
Gal aaye lëi cam në tök.
Gal aa tɔ̈ roor.
Gal akääc të thöny.
Gal akääc në thɔ̈ɔ̈ny nom.

Aŋui ku Gɔl

Gɔl acol ke yäp roor.
Gɔl acië dhäär.
Gɔl acië dak.
Gɔl acië töc bë löŋ.
Gɔl acië ye nyin niɛɛn.
Gɔl anin.
Gɔl acië nin.
Gɔl abë pääc.
Gɔl acië töc piiny.
Gɔl acië ye cök dhuk.

Gɔl acië ye cök dol.
Gɔl anin roor.
Gɔl anin në tim thar.
Gɔl anin ye tök.
E gɔl tï, acië töc roor.
E gɔl tï, acië dɔc töc.
E gɔl tï, anin ye tök.
E gɔl tï, acië nin arët.
E gɔl tï, acï bë dɔc pääc.
E gɔl tï, abë cool në nïn.

Gal aa cië yal.
Gal aa nëk reu.
Gal aa cï reu dɔm.
Gal aa dek pïu.
Gal aa ye pïu lap cië jök.
Gal aa cï reu ke dɔm.
Gal aa dek pïu.
Gal aa dëk.
Gal aa dëk kiir.
Gal aa cië röth caar piny.

Gal aa cië thök në dëk.
Gal aa ke cië yal arët.
E gal kui, aa dek pïu.
E gal kui, aa dëk wïïr.
E gal kui, aa dëk kiir.
E gal kui, aa dëk në tök.
E gal kui, aa ke cië yal arët.
E gal kui, aa bë thök në dëk.
E gal kui, aa bë lɔ yäp.
E gal kui, aa bë lɔ yäp roor.

Gɔl acië ŋaam.
Gɔl acië ŋaam arët.
Gɔl aŋaam ke kääc.
Gɔl acië ye nyin niɛɛn.
Gɔl acië dak.
Gɔl acië dhäär.
Gɔl acië ye thok ŋaam.
Gɔl acië ye thok liep.
Gɔl adït thok.

Gɔl anɔŋ thok liep.
Gɔl anɔŋ thok lec.
Gɔl anɔŋ thok kuiɛl dït.
E gɔl kënë, aŋaam roor.
E jöŋ ë, acië dhäär.
E gɔl kënë, acië dak.
E gɔl kënë, akääc.
E gɔl kënë, acol thok.
E gɔl kënë, adït yïth.

Gal aa thäär.	Gɔl tök abäär.
Gal aa piɔ̈t.	Gɔl tök acek.
Gal aa piɔ̈t roor.	Gal aa ŋëër röth.
Gal aa ye piɔ̈t cië jök.	Gal aa muk ke yöɔ̈l nhial.
Gal aa thäär në nyuɔ̈ɔ̈nic.	Gɔl tök aa cië gɔl dët të wit.
Gal aa piɔ̈t të nɔŋ tiim.	Gɔl acië gɔl dët të kac yeth.
Gal aa thäär ɣöŋ.	Gɔl tök adhiaau.
Gal aa wiët.	Gɔl tök acië kɛtwei.
Gal aa yuiët.	Gal kɔ̈k aa daai në gal thäär.
Gal aa cië röth dɔm.	Gɔl tök aɣer yɔ̈l.
Gal aa kääc në cök ciëën.	Gɔl tök aɣer yɔ̈l.

Gɔl aŋic kuaŋ.	Gɔl acië kuaŋ.

Aŋui ku Gɔl

Gɔl e kuaŋ cië jö.	Gɔl abë kuaŋ.
Gɔl akääc në pïu yiic.	Gɔl atem kiir ke kuaŋ.
Gɔl atö cök në pïu yiic.	Gɔl atem wëër teem.
Gɔl atö wïïr.	Gɔl akääc agör thok.
Gɔl akääc të cääl.	E gɔl tï, akuaŋ kiir.
Gɔl akääc wath thok.	E gɔl tï, akääc në pïu yiic.
Gɔl acië ye nom wël.	E gɔl tï, acï gal riic nyin.
Gɔl adaai.	Gɔl atak ye nom.
Gɔl akuaŋ.	Gɔl abë gal lɔ kɔɔr roor.

Mɛɛnh de gɔl aye cɔl akut.	Mïth ke gɔl aacië döŋ ke pëc.
Mïth ke gɔl aaye cɔl akuut.	Man den acië lɔ yäp.
Mïth ke gɔl aa tö roor.	Mïth ke gɔl aa cië thuat.
Mïth ke gɔl aa tö ke pëc.	Mïth ke gɔl aa cië thök në thuët.
Mïth ke gɔl aa ye dhetem.	Mïth ke gɔl aa cië cuet në rïŋ.
Mïth ke ŋuan akääc.	Gɔl acië dhuk cïëën.
Mïth ke reu aa cië töc.	Gɔl atïŋ piny në mïth ke.
Mïth kök aa ŋör piny.	Gɔl acië mïthke piŋ röth.
Mïth kök aa yɔc piny.	Gɔl acië mïth ke tïŋ të meth.
Mïth arëër ke pëc.	Gɔl acië mïth ke yök.

Gal aa thäär aŋui.	Gal ke diäk aa tö aŋui nom.
Gal aa piöt aŋui.	Gal kök aa tö aŋui köu cïëën.

AKB 2

Gal aa keer aŋui.
Gal aa dhur aŋui.
Gal aa cië aŋui gööl.
Gal aa cië aŋui gɔ̈ɔ̈l piny.
Aŋui acië riɔ̈ɔ̈c në gal.
Aŋui acië ye thar guɔ̈t piny.
Aŋui acië gal ŋëëny.
Aŋui aŋëër gal bë ke riääc.

Gal kɔ̈k aa tɔ̈ në cam.
Gal kɔ̈k në cuiëc.
E Aŋun tui, aa cï gal gɔɔt.
E Aŋun tui, acië riɔ̈ɔ̈c arët.
E Aŋun tui, acië ŋëëny.
E Aŋun tui, aŋëër gal.
E Aŋun tui, acië lɔ të rac.
E Aŋun tui, aa cï gal bë pɔ̈l.

Gal aa cië rïŋ cuet.
Gal aa cië kuɛth.
Gal aa cië piɔ̈ɔ̈th miɛt.
Gal aa pol.
Gal aa thuëëc.
Gal aa tuk.
Gal aa riäŋ.
Gal aa pol ke ŋuan.
Gal aa pol roor.
Gal aa pol rokic.

Gal aa pol të cïn tiim.
Gal aa thuëëc të lääu.
Gal aa thuëëc të ye wiëëu.
Gal ke reu aa yuiët.
Gal ke reu aa kääc.
Gal aa nhiaar röth.
Gal aa bë lɔ yäp.
E Gal kui, aa cië piɔ̈ɔ̈th miɛt.
E Gal kui, aa pol bëëc.
E Gal kui, aa bë lɔ yäp.

Gɔl e län roor.
Gɔl e pïïr rokic.
Gɔl e ceŋ roor.
Gɔl e pïïr në dömic.
Gɔl e lën cït jö.

Gɔl e kat cië jö.
Gɔl e pïu lap cië jö.
Gɔl anɔŋ thar yɔ̈l cië jö.
Gɔl anɔŋ riööp cït riööp ke jö.
Gɔl anɔŋ lec cït lec ke jö.

Aŋui ku Gɔl

Gɔl anɔŋ nom.
Gɔl anɔŋ nyïn ke reu.
Gal e daai në nyïnke.
Gɔl anɔŋ yïth ke reu.
Gɔl e piŋ në yïthke.
Yïth ke gɔl adït.

Gɔl anɔŋ thok lec.
Gɔl e lëi kac në lec ke.
Gɔl anɔŋ kuiɛl ke ŋuan.
Kuiɛl ke gɔl ayen ke lëi dɔm.
Gɔl e pïïr në rïŋ.
Gɔl ace nyuäth në wal.

Gɔl e cök ŋuan.
Gɔl e cath në cök ke.
Gɔl e kat në cök ke.
Gɔl e guet në cök ke.
Gɔl anɔŋ cök riööp.

Gɔl anɔŋ thar yöl.
Gɔl adït yöl.
Gɔl alɔ yöl yuäkäk.
Gɔl anɔŋ guöp nhïm
Gɔl e guöp macuɔɔr.

AKB 2

Gɔl anɔŋ nyïn ke reu.
Gɔl e piny tïŋ në nyïnke.
Gɔl anɔŋ wum.
Gɔl e wëëi në wumde.
Gɔl e yäp në läi kor.
Gɔl e yäp në läi thööŋ röth.

Gɔl e thiäŋ cam.
Gɔl amuuk cam.
Gɔl e ŋɛɛr cam.
Gɔl e lɔ̈ɔ̈c cam.
Gɔl e kɛɛu cam.
Gal aa ye maguar cam.

Aŋui ku Gɔl

Kïït ke Thuɔŋjäŋ

Kïït dït ke Thuɔŋjäŋ

A	B	C	D	DH	E	Ɛ
G	Ɣ	I	J	K	L	M
N	NH	NY	Ŋ	T	TH	
U	W	O	Ɔ	P	R	Y

Kïït thii ke Thuɔŋjäŋ

a	b	b	d	dh	e	ɛ
g	ɣ	i	j	k	l	m
n	nh	ny	ŋ	t	th	
u	w	o	ɔ	p	r	y

Kïït dheu

A	E	Ɛ	I	O	Ɔ
a	e	ɛ	i	o	ɔ

Kïït yäu

Ä	Ë	Ɛ̈	Ï	Ö	Ɔ̈
ä	ë	ɛ̈	ï	ö	ɔ̈

Kuën Akeer ke Thoŋ de Jiëëŋ

A	E	I	O	U
Akɔ̈ɔ̈n	Weŋ	Biɔl	Rok	Agumut

W	Y	B	P	M
Wut	Yiëp	Baai	Pɛɛi	Miir

N	NH	Ŋ	NY	R
Nɔk	Nhiëër	Aŋau	Nyaŋ	Rɔu

D	DH	T	TH	L
Dak	Dhiëër	Tim	Thɔ̈rɔ̈t	Lok

Aŋui ku Gɔl

K	G	Ɣ	C	J
Kuac	Gɔt	Ɣöt	Cuɔɔr	Jö

AA	EE	II	OO	U
Amaar	Teer	Tiim	Cool	Cuur

Ä	Ë	Ï	Ö	Ɛ̈
Cäm	Kuëi	Ajïth	Töny	Piɛ̈n

ÄÄ	ËË	ÏÏ	ÖÖ	Ɛ̈Ɛ̈
Amääl	Rëët	Acuïïl	Piööc	Wɛ̈ɛ̈r

ɛ   ɛɛ   ɔ   ö   ɔɔ

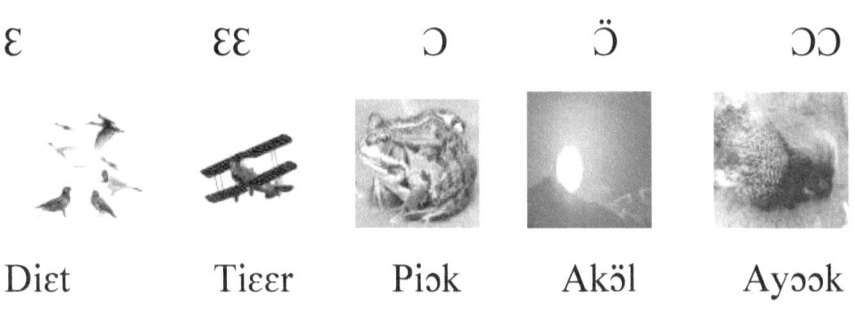

Diɛt   Tiɛɛr   Piɔk   Aköl   Ayɔɔk

öö

Acööm

www.ingramcontent.com/pod-product-compliance
Lightning Source LLC
Chambersburg PA
CBHW031430290426
44110CB00011B/607